Daniel Johannes Rehermann

Feldpost von:

Gefreiter

Friedrich Lübke

Feldpost von:

Gefreiter
Friedrich Lübke
(*16.11.1906 † 18.2.1945)

Eine Sammlung
von Briefen und Dokumenten

Aus der Reihe „ Feldpost von : “

Zusammengestellt von
Daniel Johannes Rehermann

Bibliografische Informationen der Deutschen Nationalbibliothek. Die Deutsche Nationalbibliothek verzeichnet diese Publikation in der Deutschen Nationalbibliographie; detaillierte bibliografische Daten sind im Internet über http://dnb.d-nb.de abrufbar.

Herstellung und Verlag: BoD - Books on Demand, Norderstedt.
ISBN 978-3-7322-8578-5

Umschlaggestaltung: Daniel Johannes Rehermann

Inhalt **Seite**

1. Vorwort

In meinem zweiten Buch möchte ich die Geschichte meines Urgroßvaters mütterlicherseits nachzeichnen. Meine Großmutter Ursula Piepel, geb. Lübke hat mir schon immer viel von ihrer Kindheit erzählt, von den Lebensumständen und dem frühen Tod ihres Vaters, der schwierigen Zeit und den schönen Momenten mit ihrem Vater.
Auch heute noch steht auf ihrem Kaminsims ein kleines, buntes Blechvögelchen, das mit Hilfe einer Feder aufgezogen auf den Füßchen hüpfen kann. Dieses Spielzeug ist ein Geschenk ihres Vaters aus Dänemark.
Eines Tages sprach sie von Feldpostbriefen und die Erinnerung, dass es innerhalb der Verwandtschaft einige von Friedrich Lübke geben müsse. Großmutter konnte diese ausfindig machen und mit mir gemeinsam erneut lesen. Da die Fähigkeit Sütterlin zu lesen nahezu verloren gegangen ist, aber das Geschriebene der Briefe nicht verloren gehen darf, habe ich die Texte hier „lesbar" zusammengetragen. Ergänzt wurden einige Informationen zum militärischen Werdegang Lübkes und Erinnerungen an ihn.
Ich möchte der Verwandtschaft und weiteren interessierten Lesern die Möglichkeit geben zurück zu schauen und einen lieben Menschen wieder in Erinnerung zu rufen.

Daniel Johannes Rehermann
München, Dezember 2013

2. Friedrich Lübke

Friedrich Lübke wurde am 16.11.1906 in Lengerich/Westf. als dritter Sohn von zehn Kindern geboren. Sein Vater Ernst Lübke arbeitete im nahen Steinbruch des Kalkwerks in Lengerich als Brecher. Er starb früh an den Folgen einer arbeitsbedingten Staublunge. Bereits mit elf Jahren kam Friedrich Lübke zu Verwandten nach Brochterbeck, um dort auf dem Kotten[1] bei der schweren Feld- und Stallarbeit zu helfen.
Im Jahr 1931 trat Lübke eine Stellung als Stärkewäscher in der Stärkefabrik Kröner im nahen Bocketal an.

Abb. 1: Friedrich Lübke, ca. 1934

[1] Kotten: westfälisch für kleiner Bauernhof

2.1 Auszug aus dem Stammbaum der Familie Lübke

Ernst Friedrich Wilhelm Lübke
* 13.2.1875 † 18.1.1923

Frieda Wilhelmina Lisetta Lübke geb. Schuhmann
* 7.11.1882 † 7.11.1958

Friedrich Wilhelm Lübke
* 16.11.1906 † 18.2.1945

Friedrich Wilhelm Busch
* 2.7.1873 † 18.9.1924

Bernadine Lisette Busch geb. Blom
* 25.12.1874 † 6.12.1936

Elfriede Bernadine Lübke geb. Busch
* 11.10.1902 † 13.11.1977

Erika Grage geb. Lübke
* 23.10.1929

Margarethe Schmidt geb. Lübke
* 30.8.1930 † 18.2.2010

Wilhelm Lübke
* 13.2.1933 † 1.4.1968

Ursula Piepel geb. Lübke
* 25.5.1934

Irmgard Lübke
* 23.4.1937 † 23.4.1937

Manfred Lübke
* 14.5.1938 † 7.2.2009

Gisela Schwanebeck geb. Lübke
* 1.10.1940 † 10.3.1988

2.2 Lebenssituation der Lübkes um 1943

Abb. 2: Familie Lübke Sommer 1944

Gemeinsam mit seiner Frau Elfriede kaufte Friedrich Lübke im November 1935 ein brachliegendes Stück Land in der Nähe von Dörenthe. Am Dörenther Wald gelegen standen dort die Reste eines kleinen Kalkwerkes. Aus der alten Bürobaracke baute man ein kleines Wohnhaus mit Kellerraum. Aus der ehemaligen Schmiede entstand der Stall und das Land wurde in schwerer Handarbeit urbar gemacht. Außer den beiden Gebäuden waren ein Wall und Feldbahngleise erhalten geblieben, die früher die Kalkverladung auf die nahe dem Grundstück verlaufende Nebenbahnlinie Dörenthe-Brochterbeck ermöglichten.

Wasser gewann die Familie aus zwei eigenen Brunnen mittels Handpumpen. Neben der Wirtschaft auf dem eigenen Land arbeiteten sie auch auf den benachbarten großen Gehöften. Lübke half bei der Ackerarbeit und auch die Kinder arbeiteten in der Erntezeit dort nach Kräften mit. Gelegentlich konnte sich Lübke bei den Bauern ein Ackerpferd mit Pflug für sein eigenes Land ausleihen.
So baute sich das junge Paar in harter Arbeit und strenger Sparsamkeit die wirtschaftliche Eigenständigkeit auf. Seit 1931 hatte Lübke eine Festanstellung in der Stärkefabrik Kröner im Bocketal bei Brochterbeck. Hermann Kröner gründete seine Fabrik bereits 1900 und stellte aus Weizen Stärke her. Der Betrieb liegt etwa eine Stunde Fußmarsch von Dörenthe entfernt. Lübke arbeitete

Abb. 3: Taufe von Sohn Manfred 1938

hier im Schichtbetrieb und konnte auch gelegentlich Stärke oder Schlempe, ein Abfallprodukt zur Tierfütterung, mitbringen.

Da Stärke als kriegswichtiges Erzeugnis galt, konnte der Nachfolger Friedrich-Carl Kröner Lübke daher als u.k.[2] schreiben. Mit dem Vermerk u.k. konnte die Wehrmacht Lübke nicht zum Kriegsdienst einziehen. Erst 1943 war die UK-Stellung nicht mehr haltbar und Lübke wurde eingezogen.

1939 brannte die Stärkefabrik Kröner bis auf die Grundmauern nieder. Die Mitarbeiter halfen beim schnellen Wiederaufbau dieses wichtigen Betriebes. Da Baumaterial für den eigenen Bedarf der Mitarbeiter 1939 bereits schwer zu bekommen war, verschwand auf der Baustelle einiges an Material. Ursula Piepel erinnert sich an diesen Satz, den Lübke einmal in Bezug auf sein eigenes Häuschen sagte: „Ich kann ruhig in den Krieg und sterben. Ich hab keinen geklauten Nagel im Bau."

Die ersten Kriegsjahre waren für die Lübkes nicht von großem Mangel gekennzeichnet. Natürlich war das Leben einfach und hart. Erst die Schichtarbeit in der Fabrik, eine Stunde Fußweg zurück und dann die Arbeit an Haus und Hof und auf dem eigenem Land. Jedoch wäre es auch ohne Krieg schwer gewesen. Die Kinder gingen regelmäßig zur Schule, mussten zusätzlich in der Landwirtschaft arbeiten, die Tiere versorgen und Hausarbeit verrichten.

Der sonntägliche Besuch des Gottesdienstes in der evangelischen Christus-Kirche in Ibbenbüren war Pflicht und gleichzeitig

---

[2] Abkürzung für unabkömmlich, Arbeiter ist in kriegswichtigen Produktion eingesetzt, kann nicht zum Wehrdienst eingezogen werden.

innere Freude, zumindest für die Erwachsenen. Die einfache Entfernung von 6,7 km wurde zu Fuß gegangen oder mit dem Fahrrad gefahren. Wobei dieses teils geschoben werden musste, da die Anhöhen des Teutoburger Waldes steil sind. Der Konfirmandenunterricht wurde ebenfalls in der Christus-Kirche abgehalten. Die älteste Tochter Erika war wöchentlich mit anderen Mädchen aus dem Dorf beim Bund deutscher Mädel BDM und strickte u.a. Socken für die Soldaten an der Front. Ansonsten war vom Krieg für die Lübkes wenig zu spüren, bis Friedrich Lübke am 30.3.1943 zum Kriegsdienst eingezogen wurde.
Seitdem fehlte die starke Hand Lübkes an allen Ecken und Enden. Seine Frau Elfriede versuchte die Situation so gut es geht zu meistern, aber alleine mit sechs heranwachsenden Kindern ohne Mann war sie vermutlich oft der Verzweiflung nahe.
Trotzdem musste die große Familie keinen Hunger leiden. Das eigene Vieh und Land gab genug her. Auch die Situation in der Umgebung war ähnlich. Die Arbeit war dennoch dieselbe geblieben und musste nun noch vermehrt von den Kindern verrichtet werden.

3. Feldpostbriefe mit Abschrift

Auf den folgenden Seiten sind alle noch erhaltenen Feldpostbriefe von Friedrich Lübke an seine drei Töchter links im Original und rechts die Übertragung aus dem handschriftlichen Sütterlin abgedruckt. Bei besonderen Umschlägen oder Rückseiten sind diese ebenfalls mit abgebildet. Rechtschreib- und Grammatikfehler in den Übertragungen sind aus dem Original übernommen. Die Briefe sind chronologisch sortiert, dennoch lässt sich ein thematischer Fluss nicht darstellen, da eine unbekannte Zahl an Briefen nicht mehr vorhanden ist.
Aus den Briefen erhält man einen kleinen Einblick in das Heimweh und die Liebe zu seiner Familie, als er durch den Krieg Frau und Kinder sowie Haus und Hof verlassen musste.
Die Feldpost stellte das wichtigste und oft das einzige Mittel zur Kommunikation der Soldaten mit den Angehörigen dar. Allein der Zusatz „Feldpost“ machte die Sendung kostenfrei. Soldaten erhielten spezielle Feldpostkarten, einen DIN-A5 Bogen mit aufgedrucktem Adressfeld und umlaufender Klebekante zum Verschließen der Karte. Aber auch jeder übliche Briefumschlag mit der Aufschrift „Feldpost“ wurde kostenfrei befördert. Feldpost wurde mit einer hohen Priorität behandelt, sodass selbst aus Norwegen und Russland etwa in einer Woche mit der Zustellung zu rechnen war. Auch Pakete wurden befördert und Bankgeschäfte konnten gegen eine geringe Gebühr per Feldpost erledigt werden. Wobei die Zustellung der Feldpost immer von der jeweiligen militärischen Situation und Versorgbarkeit der einzelnen Truppenteile abhing.

22.5.

Liebe Margarethe

Gerade habe ich deinen
lieben Brief erhalten
u. haben mich sehr gefreut
Liebe Margarethe ich
habe gesehen daß es
dir auch gut geht,
deshalb hatte kann ich auch
wieder einmal noch sorgen
Liebe Margarethe du
mußt noch ein 2 Wochen zum
Unterricht ist das
für dich nicht zu viel
Aber liebe Margarethe
darfst auch schon vor
dem lieben Gott der
wird dich wohl helfen

Liebes Ursele
Hast du auch am
26 Mai Geburtstag
besonders daß ich nicht
einen schönen Wunsch
dir wünscht. Aber
ich werde dann an
dir liebe Ursele
denken. Von der liebe
Tante Mille zu danke
können wenn der
besonders daß ich nicht
dir bin. Aber die
Zeit kommt auch das
wir uns einmal wieder
sehen. Es grüßt dich
dein Papa

Dänemark 22.5.

Liebe Ursula,

Hast Du nicht am 26. Mai Geburtstag? Schade, das ich nicht mehr schicken kann diesen Monat. Aber ich werde an Dich liebe Ursula denken, Der liebe Onkel Willi und Tante Emma waren da. Schade das ich nicht da bin. Aber die Zeit kommt auch, das wir uns einmal wieder sehen. Es

Grüßt Dir Dein Papa

Liebe Margarethe,

Heute habe ich deinen lieben Brief erhalten, und habe mich sehr gefreut. Liebe Margarethe ich habe gesehen, dass es euch noch gut geht.

Dasselbe kann ich auch von mir noch sagen. Liebe Margarethe, Du musst 2 mal in der Woche zum Unterricht (*Anm. d. Hrsg.: Konfirmationsunterricht in Ibbenbüren, 6km Fußweg einfach*), ist das für Dich nicht zuviel? Aber liebe Margarethe, Dienst muß sein vor dem lieben Gott, der wird Dich wohl helfen,

wenn Du schöne Arbeit.
Deine Arbeiten darfst Du
gar nicht schaffen liest Du
meinen Brand, Liebe
Margarethe das es
für den Menschen nie
gefragt werden wenn das
er auch seine Arbeits-
tag mit blassen Lippen
beenden würde. Das
kann ich nie dulden.
Denn die Menschen sind
auch Menschen. Wenn
[illegible] auch [illegible] bald
keiner mehr halten.
Aber die Wohltätigkeit
kommen geboren nur
aufhören. Es geht hier
alles auf [illegible]

Nun will ich schließen
Es grüßt Dich Dein
Dich liebender Papa.

Liebe Margarethe
Ich lege hier noch
für Dich u. Manfred
u. Sachen u. [illegible] u.
für den lieben Willi
die Bilder bei,
1000 Grüße von
Papa
an alle Kinder

wenn Du schön betest. Denn arbeiten darfst Du ja nicht, sonst bist Du wieder krank.

Liebe Margarethe, dass es für den Manfred eine große Freude war, dass er auf sein Geburtstag mit bloßen Füßen laufen konnte, dass kann ich mir denken. Denn die Mütter sind auch krank. Hier kann man auch beobachten...keinen mehr haben.

Aber die Dick voll gefressenen Dänen geben uns weniger. Es geht hier alles auf Karten. Nun will ich schließen.

Es grüßt Dir Dein lieber Papa

Liebe Margarethe,

Ich lege noch für dich und Manfred und Ursula und Gisela und für den lieben Willi die Bilder ein.

1000 Grüße von Papa an alle Kinder

Dürrmenz d 6 6 1943

Lieber Vinzele heute Morgen war
mir in der Kirche zu erstemal
seit das ~~schon~~ schon einmal wieder
in der Kirche zu sehen Da der
Pfarrer hat auch gut für uns
Soldaten gepredigt gern
mitdenken. Da wir haben auch
Grund dem lieben Gott zu
danken daß ich hier in Dürrmenz
bin als wenn ich schon in Rußland
wäre. Lieber Vinzele heute haben
wir zu Mittagessen Schweine-
braten & Salat u. Spätzling
bekommen das war wunder-
im gutes Essen. Lieber Vinzele
wenn Papa in Urlaub kommt
dann musst du sehen daß der
Salat u. Spätzling auch den
Tisch steht. Nun viele viele
Grüße von dein lieber Papa

Grüße Mutter u. [illegible]

Dänemark, den 6.6.1943

Liebe Ursula,

heute Morgen waren wir in der Kirche zum erstenmal. Ja, das war schön einmal wieder in die Kirche zu gehen. Ja, der Pastor hat auch gut für uns Soldaten gepredigt, ganz wunderbar. Ja, wir haben auch Grund dem lieben Gott zu danken, das ich hier in Dänemark bin, als wenn ich schon in Russland wäre. Liebe Ursula, heute haben wir zum Mittagessen Schweinbraten und Salat und Pudding bekommen. Das war wieder ein gutes Essen. Liebe Ursula, wenn Papa in Urlaub kommt, dann mußt Du sehen, daß der Salat und Pudding auf dem Tisch steht. Nun viele Grüße von Deinem lieben Papa.

Grüße Mutter und Lore

(Anm. d. Hrsg.: *Lore ist ein Arbeitsdienstmädchen, welches über den Reichsarbeitsdienst RAD in der kinderreichen Familie hilft.*)

Liebe Schwester

Gestern erhielt ich deinen l lieben [illegible] [illegible] dein [illegible] zu haben und sehr gefreut daß du so [illegible] bist zu [illegible] [illegible] [illegible] gewünscht. Hier ist [illegible] [illegible] Liebe Schwester. [illegible]

[illegible]

Dänemark, 6.6.1943

Liebe Ursula,

Heute erhielt ich Deine liebe Karte und Dein Bild und ich habe mich sehr gefreut, daß Du so treu bist und schickst mir Deine Lebensgröße. Ja, es war ein schönes Bild von Dir. Liebe Ursula, Du wirst auch immer mein liebes Mädchen bleiben, solange ich Dein lieber Papa bin. Liebe Ursula, Du mußt auch fleißig mit Manfred und Gisela im Sand spielen. Und nicht soviel lernen, denn das ist auch nicht gut, zu viel lernen. Liebe Ursula mir geht es noch gut hier im schönen Dänemark.

Liebe Ursula, hast Du das schöne Päckchen schon, dann wirst Du Dich auch wohl noch freuen. Aber wartet mal, wenn ich im Urlaub komme dann sollt ihr Kinder alle Freude haben.

Viele Grüße an Willi und Manfred.

Westland, d. 26.11.43.

Liebes Margretchen.

Die herzlichsten Grüße aus dem
schönen Westland sendet Dir Dein
lieber Georg. Ich habe alle Deine
lieben Briefe erhalten. Und danke
Dir auch recht herzlich dafür. Das
liebe [illegible] die [illegible] und
immer so liebe Briefe schreibst
wenn ich Dir [illegible] [illegible] war [illegible] ich.
Liebes Mädchen warum [illegible] [illegible]
[illegible] [illegible] [illegible] [illegible] [illegible] [illegible]
[illegible] [illegible] von Dich allein. Heute ist
doch [illegible] [illegible] wieder besser.
Ich habe heute Abend Wache
gehabt 8 Uhr [illegible] bis 10 Uhr
und nun will ich Dir doch noch
schnell schreiben denn [illegible] [illegible]
hat Mama recht mit Brot. Und
Walter ist hier auch nicht mehr
so schön [illegible] zu schreiben.
Zum Weihnachten habe ich [illegible]
aber Zigaretten u. 10 Zigarren
u. 2 Flaschen [illegible] u. [illegible]
bekommen [illegible] [illegible] [illegible].
[illegible]. Liebes Margretchen
[illegible] schreibst [illegible] ich
[illegible] [illegible] [illegible] [illegible]
bin für Dich [illegible] [illegible]
[illegible] [illegible] [illegible] [illegible] [illegible]
15 Liter. Es grüßt Dir [illegible] [illegible]
herzlich Dein lieber Georg. Walter
Grüße an Deine liebe Mutter u.
alle [illegible] [illegible]

Russland, den 26.11.43

Liebe Margarethe,

die herzlichen Grüße aus das schöne Russland sendet Dir Dein lieber Papa. Ich habe alle Deine lieben Briefe erhalten. Und danke Dir auch recht herzlich dafür. Ja, liebes Töchterchen Du kannst mir immer so liebe Briefe schreiben, wenn ich die lese, dann muß ich

Liebes Mädchen, mir geht es noch gut und das hoffe ich auch von Dir und Euch allen. Erika ist doch sicher wieder besser. Ich habe heute Abend Wache gehabt, 2 ½ Stunden bis 10 Uhr und nun will ich Dir doch noch schnell schreiben, denn zum schreiben hat man nicht viel Zeit. Das Wetter ist hier auch nicht mehr so schön. Regen und Schnee. Zum Rauchen habe ich genug, 200 Zigaretten und 10 Zigarren und 2 Päckchen Tabak, und Morgen bekommen wir wieder 100 Zigaretten.

Liebe Margarethe, diese Tage werden wir wohl wieder weiter gehen 150 Kilometer. Es grüßt Dich von ganzem Herzen Dein lieber Papa. Grüße Deine liebe Mutter und alle Kinder. Grüße Margarethe und Willi

M. Rüthland d. 11. 12. 43

Meine liebes Töchterle in Cöthen

Gerade haben wir Dein liebes Briefe am
14 erhalten u. danke Dir auch herzlich
dafür. Ich habe gesehen das Du
wieder mal den Wanderlust hast.
Und das es Dir hoffentlich wieder gut geh
das ist eine große Freude für mich
das glaube meine liebe Tochter.
Aber Du schreibst das Du noch nicht
gut laufen kannst aber das
kommt alles wieder. Bete nur
fleißig für den lieben Gott da
geht alles. Du schreibst ob ich zu
Weihnachten bei Euch bin meine lie
Erika. Auch Josef meint ihr und die
liebe Mutter gehen morgen Weihnachts
feiertag. Aber wir wollen hoffen das
wir uns noch gesund wiedersehen. Ich
wünsche Euch auch alle und bitte
schreiben aber auch mal wieder.
Es grüßt Dich nun zu großer Herzen Dein lieber
Vater.

Russland d. 10.12.1943

Mein liebes Töchterchen Erika

Heute habe ich Dein lieben Brief erhalten und danke Dir auch herzlichst dafür. Ich habe gesehen, daß Du wieder aus dem Krankenhaus bist. Und daß es Dir sofort wieder gut geht. Das ist eine große Freude für mich, das glaube man liebe Erika.

(Anm. d. Hrsg.: Erika war wegen einer akuten Blinddarmentzündung zur Behandlung im Ibbenbürener Krankenhaus.)

Aber Du schreibst, daß Du noch nicht gut laufen kannst, aber das kommt alle wieder. Betet mal fleißig zum lieben Gott, dann geht alles. Du schreibst, ob ich Weihnachten bei Euch bin, nun leider. Dieses Jahr müßt ihr mit der lieben Mutter allein Weihnachten feiern. Aber wir wollen hoffen, daß wir uns noch gesund wiedersehen. Ich könnte Euch wohl noch was Besonderes schreiben, aber auf ein anderes mal. Es grüßt Dich von ganzem herzen

Dein lieber Papa

[illegible] d. 10.11.43.

Meine liebe Herzliebste Margarete
Gretele habe ich Dein herzliches liebes
Briefe erhalten u. habe mich herzlich
gefreut. Ich danke Dir auch für so
ein schönen Brief den Du den [illegible]
[illegible] geschrieben. Wenn ich Dein [illegible]
[illegible] Dein [illegible]. Aber liebe Marg[illegible]
Du schreibst am Abend zu [illegible]
[illegible] und nicht [illegible] Dein
lieben Papier [illegible] 6 Wochen [illegible]
Urlaub [illegible] ich [illegible]
bekommen. Aber das geht noch [illegible]
Erfüllung hoffentlich zu Ostern
Aber wir wollen hoffen das Du bis
Krieg: Denn was [illegible] ich wieder bei
[illegible] bin. Du schreibst wie ich bin [illegible]
ich bin noch bei meinen [illegible]
[illegible] wieder [illegible]. Von den lieben Eltern
und [illegible] alle bestellen. Es grüßt Dich
Dein lieben [illegible] [illegible]

Liebe Frau ich danke [illegible] Alle mich
[illegible] d. 10.11.43. [illegible]
Eine Nacht im [illegible].

Russland, den 10.12..43

1. Brief aus Russland

Mein liebes Töchterchen Margarethe,

Heute habe ich Deinen herzlichen lieben Brief erhalten und ich habe mich herzlichst gefreut. Ich danke Dir auch für so einen schönen Brief, den Du Deinen lieben Papa schreibst. Wenn ich den lesen tu, muß ich weinen. Aber liebe Margarethe, Du schreibst von Urlaub zu Weihnachten. Das wird wohl nicht gehen, denn Dein lieber Papa muß erst 6 Monate in Russland sein ehe ich Urlaub bekomme. Also das geht nicht in Erfüllung, hoffentlich zu Ostern. Aber wir wollen hoffen, das der böse Krieg dann aus ist, und das ich wieder bei Euch bin. Du schreibst wo ich bin, ja ich bin noch bei meiner Truppe, aber bloß eine andere Nr. Ja, der liebe Gott wird uns alle behüten. Es grüßt Dir Dein lieber Papa von ganzem Herzen

Liebe Frau, ich danke – Päckchen –
Aber nicht fragen, Eine Nacht in Labask.

Feldpost

18.9.1944.

An

Bestimmungsort oder
Feldpostnummer

Hier falzen und umlegen!

Diese Seiten können auch beschrieben werden

Absender:

Feldpost

An Fräulein Margarethe Lübke

21 Dörenthe

Bei Ibbenbüren

Kreis Teutoburg

Absender Gefreiter Friedrich Lübke
Feldpost 34167

Rüsselsheim d. 18.7.44.

Liebe Margarethe.

[illegible] gedachte ich Dir einmal wieder
zu schreiben. Ich habe [illegible]
Deinen lieben Brief erhalten u. habe
mich sehr gefreut. [illegible]
[illegible]
[illegible]
[illegible]
[illegible]
[illegible] Liebe Margarethe
[illegible] lieben [illegible]
[illegible]
[illegible]
[illegible]
[illegible]
[illegible]
[illegible]
[illegible]
in den Brief 1 Mark [illegible]
[illegible] für Dich [illegible]
[illegible]
[illegible]
[illegible]
habe ich [illegible]
[illegible]
[illegible]
[illegible]
[illegible]
Der Herr behüte uns alle.
bis auf ein frohes Wiedersehen

Rußland d. 18.2.44

Liebe Margarethe,

Heute gedenke ich Dir mal wieder zu schreiben.

Ich habe diese Tage Deinen lieben Brief erhalten und habe mich sehr gefreut. Ja, es macht mir viel Spaß, wenn Du mir treue schöne Briefe schreibst. Liebe Margarethe mir geht es gesundheitlich noch gut und das hoffe ich auch von Euch allen. Liebe Margarethe, sei Du für Deine liebe Mutter schön artig und lieb, sei nicht so frech wie die Erika, denn so was hört Papa nicht gerne. Aber die Mutter hat mir auch geschrieben, das Du gut aufgepasst hast, das freut mich, wenn ich so was höre von meinem Kind. Ich lege in den Brief 5 Mark ein, die sind für Dich, dann denke ich Du wirst die Mutter immer schön mithelfen. Du musst denken Papa kann es ja nicht. Heute habe ich Mutter auch 100 Mark geschickt, hoffentlich kommt das Geld alle bei euch an.

Nun will ich schließen.

Es grüßt Dir von ganzem Herzen Dein lieber Papa. Der Herr behüte uns alle.

Bis auf ein frohes Wiedersehen.

Rußland d. 6.4.1944.

Liebes Margachen.

Heute gedenke ich Dir mal
wieder zu schreiben. Mir geht
es noch gut u. das selbe hoffe
ich auch noch von Dir liebes
Kind. Nun es ist wieder Ostern
u. dein lieber Papa ist noch
auf dem alten was soll man
machen. Das ist der böse Krieg
Der auch dem wird einmal
ein Ende haben u. Dein Papi
wieder gesund bei Euch
sein können. Liebes Mädchen
ich werde wohl zu Ostern keine
Post erhalten so kann ich
für bin hoffentlich kommen
wir bald wieder zurück
Es grüßt Dir dein lieber Papa.
Viele Grüße an die liebe
Mutter u. Großmutter. Bleib
gesund u. munter, die besten
Osterwünsche sendet Euch Papa

Osten, den 6.4.1944

Liebe Margarethe,

Heute gedenke ich Dir mal wieder zu schreiben. Mir geht es noch gut und dasselbe hoffe ich auch von Dir, liebes Kind. Ja es ist schon wieder Ostern, und der liebe Papa ist noch nicht da, aber was soll man manchen, das ist der böse Krieg.

Ja, auch der wird einmal ein Ende haben, und das ich gesund wieder bei Euch sein kann.

Liebes Mädchen, ich werde wohl zu Ostern keine Post erhalten, so lange ich hier bi, hoffentlich kommen wir bald wieder zurück.

Es grüßt Dir Dein lieber Papa.

Viele Grüße an die liebe Mutter und Geschwister. Bleibt alle gesund und munter.

Die besten Osterwünsche sendet Euch Papa

erhalt[en] 17/6

Osten d. 10.6 1944

[illegible]

Liebe Margarethe.

Ich bin schon wieder einige Tage hier u. bin noch gesund u. munter das hoffe ich auch von dir liebes Kind. Jetzt ist nun doch schon das dritte das deine Karte wieder von Euch lieben Kinder nicht [illegible] Das Wetter ist hier auch heute ganz schön gewesen [illegible] [illegible] Tag bei Euch auch. Liebe Margarethe es ist doch gut das ich im Urlaub war denn in der Wirtschaft ist gewiss auch nicht mehr [illegible] hoffentlich kommt die Tante bei Euch nicht denn das muß ich immer an denken. Aber ich [illegible] Liebe [illegible] dir [illegible] Euch die [illegible] hier immer das habe ich hier wieder [illegible] wenn ich das wieder ich

Im Osten, den 10.6.1944

Liebe Margarethe,

Ich bin schon wieder einige Tage hier und bin gesund und munter, dass hoffe ich auch von Die liebes Kind.

Ja, es war doch schade, dass Dein Papa wieder von Euch lieben Kinder weg muß, nicht wahr?

Das Wetter ist hier heute auch ganz schön gewesen, sonst regnet es jeden Tag, bei Euch auch?

Liebe Margarethe, es ist doch gut, dass ich in Urlaub war, denn in dem Westen ist jetzt auch nichts mehr los, hoffentlich kommt der Tommi bei Euch nicht, denn daran muß ich immer denken. Aber ich denke der liebe Gott behütet Euch, Du betest ja immer. Das habe ich hier wieder gemerkt. Das werde ich mal schreiben. Jetzt nicht.

Es grüßt Papa

Liebe Margarethe.

Jetzt solltst Du auch einmal wieder ein Briefchen von
Papa haben, denn ich habe
wie ich gelesen habe geht
es Dir auch noch gut u. der
liebe Gott wird uns auch ge-
behüten u. daß wir uns
alle wiedersehen. Ihr lieben
Mädchen die Zeit kommt
näher, u. ich bin bald bei
Dir der liebe Gott hat Dein
Gebet wol gehört gehabt
Abend daß geheilt wird. Ich
kann Dir sagen daß es
auch meine Sehnsucht für
mich ist wenn ich meine
lieben Kinder wiedersehen
kann. Ich danke daß der
liebe Gott immer das Glü-

Liebe Margarehte

Jetzt sollst Du auch mal wieder ein Brieflein von Papa haben. Denn so wie ich gelesen habe, geht es Dir auch noch gut und der liebe Gott wird uns auch noch behüten und das wir uns alle wiedersehen. Ja liebes Mädchen die Zeit kommt noch und ich bin bald da. Ja der liebe Gott hat Dein Gebet

geben wird. Den Kuchen
noch bestimmt ist weil zu
groß denn Du liebe Mutter
hast viel zu viel Arbeit
Du weißt aber Cäcilie ist
jetzt auch größer Du u.
kannst gerade doch mit
mit helfen. Und Du mußt
auch sehen mit helfen
wenn Du Weihnachten
ihr macht Dankbarer Papa
kann es brauchst. Nun muß
ich schließen. Es grüßt
Dich Deine lieben Papa
Bleib gesund u. mein
lieb noch ein baldiges
frohes Wiedersehen.
Grüße Manfred
u. Grüße von
Papa.

wohl gehört jeden Abend, das glaub mal. Ich kann Dir sagen das es auch eine Freude für mich ist, wenn ich meine lieben Kinder wiedersehen kann. Ich denke das der liebe Gott mir das Glück geben wird. Ja euer Viehbestand ist viel zu groß, denn die liebe Mutter hat viel zu viel Arbeit damit. Aber Erika ist schon groß und kann viel mithelfen. Und Du mußt auch schön mithelfen was Du kannst. Denn ihr müßt denken, Papa kann es nicht. Nun will ich schließen. Es grüßt Dir Dein Papa. Bleib gesund und munter bis auf ein baldiges frohes Wiedersehen.

Grüße Manfred und Gisela von Papa

2.7.1944.

Rußland, d. 2.7.44.

Liebe Margarethe.

Zu deinem Namenstag will
ich dir ein Gruß und Wünsche
[illegible] senden. Deinen beiden
Karten habe ich mit Freuden
erhalten und danke dir herzlich
dafür. Ich habe gesehen
daß es dir noch gut geht. Mir
geht es gesundheitlich auch
noch gut und das freut ich mich
gerne Schrift. Hoffentlich ist
der Krieg bald aus
und ich kann wieder bei Euch
sein nicht wahr liebes Mädchen
Du schreibst mir ~~von~~ von
der Kirschen hier habe ich
schon nicht mal daran gedacht
meine Gedanken sind nur
nach Hause zu nicht an die
Kirschen.

Rußland 2.7.1944

Liebe Margarethe

Heute am Sonntag will ich Dir einen Gruß aus Russland senden. Deine beiden Karten habe ich mit Freuden erhalten und danke Dir recht herzlich dafür. Ich habe gesehen, dass es Dir noch gut geht. Mir geht es gesundheitlich auch noch gut, und das andere ist eine große Scheiße

Hoffentlich ist der böse Krieg bald aus und ich kann wieder bei Euch sein, nicht wahr, liebes Mädchen.

Du schreibst mir was von den Kirschen, ja da habe ich gar nicht mehr dran gedacht, meine Gedanken sind nur nach Hause und nicht an die Kirschen.

Liebe Wilhelmine [illegible]
ich noch nicht den Verlust [illegible]
[illegible] der [illegible] [illegible]
weil [illegible] um den Todten
Leben [illegible] als glücklich
[illegible] [illegible] [illegible]
ich zwar Trostgedichte [illegible]
der [illegible] [illegible] [illegible]
[illegible] [illegible] [illegible]
du schreibst [illegible] deine [illegible]
[illegible] hatte das [illegible] [illegible]
Gnade weil deine Eltern [illegible]
wollen hoffen daß der [illegible]
bin Gott nicht kommt [illegible]
[illegible] deine [illegible] ich [illegible]
Blümchen möchte [illegible] ich [illegible]
Freuden das [illegible] durch [illegible]
Es grüßt dich deine liebe
[illegible] [illegible] ganzen [illegible]
Es behüte Euch Gott in [illegible]
[illegible] [illegible]. Bleibe gesund.

Liebe Margarethe,

als ich noch nicht in Urlaub war, da konnte ich mich viel besser an das Soldatenleben gewöhnen als jetzt. Heute am Sonntag war ich zum Feldgottesdienst. Der Pastor war bestimmt sehr fromm - ja es war sehr schön.

Du schreibst von dem Alarm, ja hätte das nur noch ein Ende mit dem Alarm, und wir wollen hoffen, dass der Tommi bei Euch nicht kommt vom Westen, denn wenn Ihr so flüchten müsst, wie hier die Leute, das wäre doch traurig.

Es grüßt Dich Dein lieber Papa von ganzem Herzen.

Es behüte Euch Gott in dieser schweren Zeit.

Bleib gesund.

Pol. d. 13.8.44.

Meine liebe Margarethe

Gestern am Sonntage erhielt ich Deinen lieben Brief u. habe mich sehr gefreut. Ich danke Dir auch nachträglich dafür. Ich muß Dir doch sagen Du schreibst Deine [illegible] doch fleißig [illegible] Briefe [illegible] ich keine Post auch [illegible] bekommen ich alle 14 Tage [illegible] Briefe [illegible] und auch [illegible] keine Zeit haben [illegible] liebe Margarethe ich kann Dir sagen daß ich [illegible] [illegible] Wir [illegible] [illegible] [illegible] [illegible] [illegible] [illegible] [illegible] Die besten Kraft [illegible] 8 auch Dir 4 der hab [illegible] [illegible] geschrieben [illegible] [illegible] 15 [illegible] aber den [illegible] [illegible] [illegible] Ich kann Dir sagen daß man [illegible] Kraft [illegible] Wille. Wir [illegible] alles gehofft [illegible] gekommen. Hast Du aber den lieben Gott [illegible] auch Dir [illegible] lieben [illegible] Grüßen [illegible] [illegible]

Polen den 13.8.44

Meine liebe Margarethe

Heute am Sonntag erhielt ich Deinen lieben Brief und habe mich sehr gefreut. Ich danke Dir auch recht herzlich dafür. Ich muß Dir doch sagen, Du schreibst Deinen Papa doch fleißig, von Erika bekomme ich keine Post, auch von Mama bekomme ich alle 14 Tage mal ein Brief. Mama wird auch wohl keine Zeit haben. Nun liebe Margarethe ich kann Dir sagen, dass ich noch gesund und munter bin. Wir sind jetzt meist immer vorne, auch die Flieger kommen hier jetzt nicht immer. Die letzte Nacht vom 8. auf den 9. da hat er viel Bomben geschmissen, bei uns auf eine Stelle 15 Bomben, aber da stand kein Mann und auch kein Pferd. Ich kann Dir sagen das war eine Nacht im Wald. Wir glauben alle jetzt geht es zu Ende aber der liebe Gott war auch noch da. Es grüßt und küsst Dich

Dein lieber Papa

Grüße auch alle Kinder und Mutter von Papa

Osten d. 20.8.44.

Liebe Margarethe!

Ich bin noch gesund u. munter
u. das hoffe ich auch noch von
Dir zu erfahren. Liebe Ma-
[illegible]
[illegible]
auf der [illegible] herzlichsten [illegible]
entgegen zu Deinem Geburts[illegible]
[illegible]
noch [illegible] gesund [illegible] erleben
[illegible]. Liebe [illegible] ich bekomme
[illegible] keine Post mehr
[illegible] 26.7. u. den
vom d. 11. u. 13. bekommen ich
[illegible] geschrieben
hatte [illegible] denn ich schreibe
[illegible] 3 mal in der Woche. Liebes
[illegible] ist das [illegible]
[illegible] ist das auch so
[illegible] hier [illegible]
[illegible] Nun will ich
[illegible]
[illegible]
Dir recht herzlich [illegible]
lieben [illegible]
[illegible] auf die [illegible]

Osten den 20.8.44

Liebe Margarethe

Ich bin noch gesund und munter und das hoffe ich auch noch von Dir und allen anderen. Liebe M. heute gedenke ich gerade an Deinen Geburtstag. Hiermit sende ich Dir die herzlichsten Glückwünsche zu Deinem Geburtstag. Hoffe das Du Deinen Geburtstag noch in beste Gesundheit verleben kannst. Liebe Kind, ich bekomme von Mutter keine Post mehr, die letzte war vom 26.7. und dann vom 113. und 13.

Bekommt Ihr auch so schlecht Post von mir?

Denn ich schreibe Euch 3 mal in der Woche.

Liebes Kind, wie ist das Wetter denn dort, ist das auch so schön wie hier oder regnet es denn noch?

Nun alles Gute mein Kind. Es grüßt und küsst dich recht herzlich Dein lieber Papa.

Heute ist hier wieder was los, das kann ich Dir sagen.

Grüße die liebe Mutter!

Absender:

Gummierung hier lösen

Feldpost

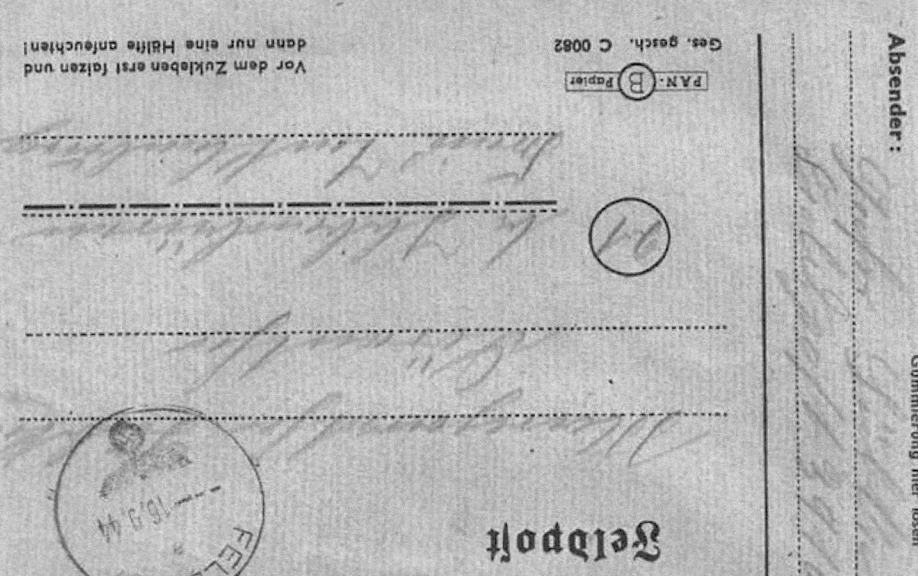

FELDPOST 15.9.44

PAN-B Papier

Ges. gesch. C 0082

Vor dem Zukleben erst falzen und dann nur eine Hälfte anfeuchten!

Beantwortet

Wenn er bei uns rumort und stört,
ist er als vogelfrei erklärt!

Feldpost

Magarete Lübke

Dörenthe

21 bei Ibbenbüren

Kreis Teutoburg

Bildunterschrift:

Wenn er bei uns rumort und stört, ist er für vogelfrei erklärt!

Osten d. 18.4.44.

Mein liebes Töchterchen Marg.
Gerade in der Abendstunde will
ich Dir noch ein Brieflein zu
schreiben, gerade erhielt ich
Dein lieben Brief und von die
liebe Mutter ich habe mich
sehr gefreut u danke Dir u
Mutter von ganzem
Herzen. Der Brief war vom
Geburtstag vom 30. Nun habe
ich gesehen daß der kleine
Ma. auch schon für dich sorgt
das ist bestimmt schön für
lieben Mädchen ich wollte gern
hätte Dir auch ein paar schö
nen geben können. Aber
warte nur ich werde Dir
auch noch etwas schicken dann
wirst Du auch Freude an
haben. Aber das schicke ich nach
mir kleinen Spaß [illegible]
nicht weiß ob ich noch ein
Monat hier im Kloster bleibe
es doch besser aus ich will
nicht warten daß der Brief
der bei dir los kommt. Du brauchst
doch noch nicht zum Arbeiten
Es grüßt Dich Dein lieber Papa.

Osten , den 18.9.44

Mein liebes Töchterchen Margarethe

Heute in den Abendstunden denke ich Dir noch ein Brieflein zu schreiben.

Heute erhielt ich Deinen lieben Brief und von Dir liebe Mutter, ich habe mich sehr gefreut und danke Dir und Mutter von ganzem Herzen. Der Brief war vom Geburtstag vom 30. Das der kleine Manfred auch schon für Dich sorgt, das ist bestimmt schön, ja liebes Mädchen ich wollte ich hätte Dir auch ein paar schöne Birnen geben können. Aber warte nur, ich werde Dir auch noch was schicken, dann wirst Du auch noch Freude haben. Aber das schicken macht mir keinen Spaß, man weiß nicht, ob es überkommt, denn im Westen sieht es doch böse aus, ich will nicht denken, dass der Feind bei Euch kommt. Du brauchst doch wohl nicht zum Arbeiten.

Es grüßt Dich

Dein lieber Papa

Alten d. 26.4.44.

Meine liebe Margarethe,
schnell will ich Dir ein Briefle
schreiben denn meine Zeit habe ich
sehr wenig. Dienstag am 24 habe
ich Dein lieben Brief erhalten
u. habe mich sehr sehr gefreut
über Dein Bild ja das ist
doch sehr schön geworden
wenn ich das mir ansehe
dann könnte ich Dich um-
armen. Das glaub mal

Aber ich habe jetzt noch
Glück gehabt daß ich Dir
noch schreiben kann aber
was sagen die Kinder
die ihren Papa nicht mehr
schreiben können 2. sind
tod u. in Gefangenschaft
die tod sind haben auch
5 Kinder. Ja ich habe gehofft
mir leicht wäre in die
Gefangenschaft kommen
können daß nun doch ich Dir schreiben
wenn ich bleiben Es grüßt Papa

Osten, den 26.9.44

Meine liebe Margarethe

Schnell will ich Dir ein Brieflein schreiben, denn viel Zeit habe ich nicht.

Sonntag am 24. habe ich Deinen lieben Brief erhalten, und habe mich sehr sehr gefreut über Dein Bild, ja das ist doch sehr schön geworden. Wenn ich das ansehe, dann könnte ich Dich umarmen, das glaube mal. Aber ich habe ja noch Glück gehabt, das ich Dich noch schreiben kann. Aber was sagen die Kinder, die ihrem Papa nicht mehr schreiben können. 2 sind tot, 2 in Gefangenschaft, die tot sind hatten auch 5 Kinder. Ja, ich habe gesehen, wie leicht man in die Gefangenschaft kommen kann. Das werde ich Dir sagen, wenn ich da bin.

Es grüßt Papa

Osten d. 30. 10 44

Liebe Margarethe

Heute gedenke ich Dir
mal wieder zu schreiben.
Ich bin noch gesund da möchte
te das hoffe ich auch von
Euch allen hören am 28. war
die Tanni ja wieder in
Mädchen ich denke daß das
bei Euch allen noch gesund ist
Liebes Mädchen du schreibst
ich soll mir nicht schreib
Sorgen machen. Aber du
brauchst dir doch mal denken
kannst Dir doch Sorgen immer
das mein liebes denken
an seinen lieben ich nicht schlafen
möcht wenn ich
liegen. Ja oft muß ich
weinen wenn ich liege dann
denke ich hoffe auch Dir
denke ich hoffe mit dem
lieben Mädchen wieder ein
lieben Kinder ist dich noch
Fällen es grüßt Dir dein
Pall. Ich danke Dir
lieben Sorgen. Ich danke Dir liebes Kindchen
noch für Dir Gruß allen ...

Osten, den 30.10.44

Liebe Margarethe

Heute gedenke ich Dir mal wieder zu schreiben. Ich bin noch gesund und munter und das hoffe ich auch von Euch allen. Denn am 28. war der Tommi ja wieder in Münster

Ich denke doch das bei Euch noch alles gesund ist. Liebes Mädchen du schreibst, ich soll mir nicht soviel Sorgen machen. Aber du kannst Dir doch wohl denken, dass ein lieber Papa immer an seine Lieben denken muß wenn ich mich schlafen lege. Ja, oft muß ich weinen, wenn ich liege. Dann denke ich, jetzt muß die liebe Mutter mit den lieben Kindern wieder in den Keller und es ist des Nachts so kalt.

Es grüßt Dich Dein lieber Papa.

Ich danke Dir auch für die lieben Briefe.

Grüß alle von Papa.

Alten d. 4.11.44.

Meine liebe Ursula

[illegible] einem Transport [illegible]
gedachte ich Dir zu schreiben,
Ich bin noch gesund u. munter
Das selbe hoffe ich auch noch von
Dir u. allen andern Lieben. Möchte
ich will doch nicht denken daß
ihr flüchten müßt. Denn das
wär doch schrecklich. [illegible] ich
nun [illegible] denken aber
wahrscheinlich [illegible] denken aber
ich denke doch daß Du bring
zu Weihnachten [illegible] ist [illegible]
[illegible] Du [illegible]
[illegible] Ich
noch nicht lange bei Dir
[illegible] haben [illegible]
[illegible]. Aber ich
einen schönen [illegible]
wollte ich [illegible]
von Morgens 6 bis Abends das
macht einen [illegible]. Wir
wollen hoffen daß [illegible]
[illegible] schrecklich [illegible]
Wenn alles [illegible]. Es grüßt Dich
Deine lieben [illegible]. Grüße an
die liebe Mutter von [illegible].
[illegible]

Osten, den 4.11.44

Meine liebe Ursula

Heute am Sonntagabend gedenke ich Dir zu schreiben. Ich bin noch gesund und munter. Dasselbe hoffe ich auch von Dir und allen anderen. Liebes Mädchen, ich will doch nicht denken, daß ihr flüchten müßt, denn das wäre doch schrecklich, ja ich mag nicht daran denken. Aber ich denke doch, daß der Krieg zu Weihanchten aus ist. Habt ihr schon die Kartoffeln im Keller? Denn hier sind die noch nicht alle aus der Erde, denn ich muss jetzt jeden Tag bei den Kartoffeln helfen. Ja, das ist eine schöne Arbeit. Aber ich wollte, ich könnte Euch helfen von Morgens bis Abends. Das macht mir mehr Spaß. Wir wollen hoffen, das die Zeit noch kommt. Hoffentlich bald. Nun alles Gute. Es grüßt Dich Dein lieber Papa.

Grüße an die liebe Mutter von Papa.

Bleib gesund und munter bis auf ein Wiedersehen.

Ostend. 4.11.14.

Liebe Margarethe.

Schnell will ich Dir noch ein Briefchen schreiben. Ich bin noch gesund u. munter das selbe hoffe ich doch auch noch von Dir lieber Mütterchen. [illegible]

Osten den 7.11.44

Liebe Magarethe

Schnell will ich Dir ein Brieflein schreiben. Ich bin noch gesund und munter, dasselbe hoffe ich doch auch von Dir mein liebes Mädchen. Ja liebes Kind, wer hätte das doch gedacht, das der Krieg so lange anhält. Aber ich will nicht denken, daß Ihr noch flüchten müßt. Ja, flüchten ist schon gut gesagt, aber wo hin. Ich denke doch der liebe Gott macht eher ein Ende als das ihr Kinder mit der lieben Mutter flüchten müßt. Ja wenn auch alles verloren geht, die Hauptsache ist, das wir uns alle gesund wiedersehen nicht wahr, liebes Kind. Ich muß sagen mir geht es jetzt sehr gut, arbeiten braucht man nicht viel, gut, daß ich keine Pferde mehr habe. Aber nach dieser Zeit kommt es auch wieder anders.

Es grüßt Dich Dein lieber Papa.

Altena d. 14.12.44.

Liebe Margarethe.

Ich habe heute 2 Briefe von dir bekommen und danke dir auch recht herzlich dafür. Ich bin noch gesund u. munter, [illegible] war ich gefahren habe Kamerad der Kamerad der auch noch auch die Nacht vom 11 auf den 12 war er auch in Münster. Hoffentlich nicht bei euch. Liebe Margarethe wir wollen hoffen daß der Feind am Weihnachten nicht in der Heimat [illegible] Kamerad geht nicht mehr [illegible] aber er darf nicht mehr gesagt denn der Kamerad ist klein [illegible] aber wir wollen hoffen daß dieser böse Krieg bald aus ist ich bin [illegible] bei Euch. Nun alle zusammen [illegible] grüßt dir dein liebe Herzen. Grüße Mutter

[illegible]

Osten, den 14.11.44

Liebe Magarethe

Ich habe heute 2 Briefe von Dir bekommen, ich danke Dir auch recht herzlich dafür. Ich bin noch gesund und munter. So wie ich gehört habe kommt der Tommi doch auch noch, auf die Nacht vom 11. auf den 12. war er in Münster.

Hoffentlich nicht bei Euch.

Liebe Magarethe wir wollen hoffen daß der Feind nicht vom Westen in der Heimat kommt, geht nicht ehr weg als es nicht mehr geht, denn der Tommi ist kein Russe. Aber wir wollen hoffen, das der böse Krieg bald aus ist, und ich wieder bei euch bin. Nun alles Gute, Es grüßt Dich Dein lieber Papa.

Grüße Mutter und die Kinder

Okt. d. 26 1924

Liebe Margaretchen,

Ich habe Deinen lieben Brief erhalten u. haben mir sehr gefreut wenn Du wieder zu Hause. Wenn Mutter habe ich noch keine [illegible] von [illegible] dass doch ist die [illegible] wenn die [illegible] [illegible] aber mein auch ein [illegible] [illegible] bekommen habt, denn ich schrieb doch etwa 4 Woche [illegible] [illegible]. Ich kann mir aber schon noch denken dass die [illegible] bekommt das [illegible] u. [illegible] [illegible] [illegible]. Dein liebes Freund [illegible] schon auch gefreut u. [illegible] den [illegible] auch [illegible] alle Von den kleinen Manfred den [illegible] auch zu [illegible] den [illegible] [illegible] bist [illegible] noch so kleine [illegible] ich kann es auch nicht [illegible] [illegible] gefallt es [illegible] [illegible] Kinder sind alle freundlich gegrüßt [illegible] lieben [illegible] [illegible]

Grüße [illegible] [illegible] [illegible]

Mutter

Osten, den 26.11 . 1944

Liebe Margarethe,

Ich habe Deinen lieben Brief erhalten und habe mich sehr gefreut von Dir wieder zu hören. Von Mutter habe ich noch keine Post, wie kommt das doch, ist die Unterwegs? Denn Du schreibst ja, das ihr von mir auch in acht Tagen keine Post von mir bekommen habt. Denn ich schreibe doch bald 3 mal die Woche. Ich kann mir aber doch nicht denken, denn der Scheepers bekommt doch Post, und das geht doch über die selbe Post. Mein liebes Kind, ich bin noch gesund und munter, das hoffe ich doch noch von Euch alle. Nun der kleine Manfred muß nun auch zur Schule, Du tust mir leid denn du bist ja noch so klein, aber ich kann es auch nicht ändern, hoffentlich gefällt es Dir denn gut. Nun seid alle herzlich gegrüßt von dem lieben Papa

Bis auf ein Wiedersehen

Grüße Tante Emma und Onkel Willi

Osten d. 13.12.44. [illegible]

Lieber Margarethe [illegible]
[illegible] vom Wetterhof gedenke
ich dir zu schreiben. Denn ich
habe Dir in letzter Zeit nicht
mehr geschrieben weil wir da
schon wieder Zeit. Aber ich
hatte doch sonst auch keine
weitere Liebe. Von dem ich geschrieben
das ich dieser [illegible] behalten [illegible]
alle die Post die ich geschrieben
habt Ihr sie wol wieder
zurück bekommen. Wenn ich mir
[illegible] gehabt dann würde ich
wol zu Weihnachten auch
Post bekommen. Den Sonntag
wird es schon 4 Wochen wo ich
keinen Brief mehr erhalten
habe für dem ist [illegible] lange
Zeit. Aber ich weiß du [illegible]
ihr noch alle gesund seid
in das selbe. Wenn ich auch
noch was mir schreiben [illegible]
alles erzählt. Es grüßt Dich Deine
lieben [illegible] gesund u.
munter bis auf ein frohes Wiedersehen
[illegible] herzliche

Osten, den 19.12.44

Liebe Margarethe

Heute am Mittwoch gedenke ich Dir zu schreiben. Denn ich habe Dir in letzter Zeit nicht mehr geschrieben, jetzt wird es wieder Zeit. Aber ich hatte sonst ja auch keine feste Feldpost Nr. Denn ich glaube, daß ich dieser Nr. behalte. Ja, alle Post, die ihr geschrieben habt, die soll wohl wieder zurück kommen.

Wenn es nun schnell geht, dann werde ich wohl zu Weihnachten noch Post bekommen. Denn Sonntag wird es schon 4 Wochen , wo ich keinen Brief mehr erhalten habe, ja, das ist eine lange Zeit.

Aber ich will denken, daß ihr alle noch gesund seid und dasselbe kann ich von mir auch noch schreiben. Nun alles Gute. Es grüßt Dir Dein lieber Papa. Bleib gesund und munter bis auf ein fröhliches baldiges Wiedersehen.

Herzliche Grüße, Weihnachtsgrüße

Papa

4. Militärischer Werdegang von Friedrich Lübkes

Abb. 4: Soldat Lübke (Mitte) mit zwei Kameraden, vermutlich Sommer 1943 in Münster

Eine Anfrage bei der Deutschen Dienststelle in Berlin[3] ergab eine Reihe von Auskünften sowie eine Fotokopie des Wehrstammbuches Lübkes. Das Wehrstammbuch ist die Personalakte des einzelnen Soldaten. Sie lagerte meist bei der jeweiligen Division. Darin wurden alle Daten zu Laufbahnen, Lehrgängen, Versetzungen und Kommandierungen eingetragen.
Die Auswertung der Unterlagen Lübkes war hinsichtlich der Truppenteile und Standorte sehr ergiebig.

[3] Ehemals Wehrmachtsauskunftsstelle WaSt

Bereits am 12.5.1939 wurde Lübke in Münster zur Musterung bestellt. Bei 1,69 m Körpergröße wog er 69 kg, kam mit dem linken Auge ohne Brille auf eine Sehleistung von nur 60 % und bewies ein sicheres Farbsehvermögen. Das Urteil des Musterungsarztes lautet auf tauglich und besonders geeignet für die Infanterie. Lübke bescheinigt per Unterschrift seinen Wehrpass erhalten zu haben.
Sein aktiver Wehrdienst begann am 30.3.1943 in der 4. Kompanie des Grenadier-Ausbildungs-Bataillons 216 in Herford. Die Vereidigung auf den Führer Adolf Hitler[4] fand am 5.4.1943 statt. Da Lübke Vater von sechs minderjährigen, ehelichen Kindern ist, wird im Juni 1943 eine Versetzung von der Kämpfenden Truppe zur Versorgungstruppe des Feldheeres angestrebt. Hierzu schickt das Amt Ibbenbüren am 7.6.1943 eine Bescheinigung über die Vaterschaft von sechs Kindern zur Vorlage bei der Wehrmacht. Am 15.6.1943 schreibt man an das stellvertretende Generalkommando 6 in Münster mit der Bitte, Lübke zum Feldheer zu versetzen. Er verweist dabei auf die Heeres-Vorschrift Blatt 1942, Teil B, Ziffer 757, Abschnitt 1 laut dieser kinderreiche Väter nicht bei der kämpfenden Truppe eingesetzt werden dürfen. Anbei liegen eine Bescheinigung aus Ibbenbüren und eine Beurteilung des Leutnants über den Rekruten Lübke. Er bescheinigt ihm ein anständiger, bescheidener und zurückhaltender, gewissenhafter und zuverlässiger, gerader Mensch zu sein. Seine geistigen Leistungen bewertet er als durchschnittlich, seine körperli-

[4] Alle Soldaten der Wehrmacht wurden nicht etwa auf das Deutsche Reich, sondern auf Adolf Hitler selbst vereidigt.

che Veranlagung als etwas schwerfällig. Seine dienstlichen Kenntnisse und Leistungen hält der Offizier im Rang eines Leutnants für ausreichend.

Das Stellvertretende Generalkommando 6 in Münster erklärt

Abb. 5: Soldat Lübke, vermutlich in Frederikshavn, Dänemark, 1943/1944

sich mit dem Vorgang am 8.7.1943 einverstanden. Einem handschriftlichen Vermerk auf diesem Dokument ist zu entnehmen, dass Lübke dieser Sachverhalt am 31.7.1943 mitgeteilt wurde. Am 30.8.1943 wurde Lübke an das Feldheer zum Landes-Schützen-Bataillon 472 in Münster überwiesen.
Landes-Schützen-Bataillone gehörten zum sogenannten Ersatzheer und nahmen Aufgaben der Wehrmacht im Reich wahr[5]. Anfang September 1943 durfte Friedrich besucht werden. Seine Frau Elfriede und die Kinder Ursula, Margarethe und Manfred durften mit in die Dreizehner-Kaserne in der Gasselstiege in Münster. Ursula erinnert sich noch daran, wie ihr Vater sagte, sie solle sich wegen der Flöhe nicht aufs Bett setzten.
Von Münster aus kam er am 12.10.1943 zur leichten Fahrkolonne 10/211 der Fahr-Ersatz-Abteilung 6 mit Standort in Soest. Die Fahr-Ersatz-Abteilung 6 gehörte zur 166. Division, die ab Januar 1943 in Dänemark stationiert war. Die 166. Division hatte die Aufgabe Seeland und Fünen mit den dazugehörigen Inseln militärisch zu sichern. Lübke wurde zum Fahrer für pferdebespannte Wagen vom Bock und Sattel ausgebildet. Seine Führung wurde mit sehr gut bewertet. Am 6.11.1943 wurde Lübke der Fahrschwadron 2/211 der gleichen Abteilung zugeteilt. Fahrschwadrone hießen vor 1943 Fahrkolonnen und waren für die Versorgung der Divisionen zuständig. Mit ihren etwa 100 Pferden und 40 Wagen aufgeteilt in Führungsgruppe, zwei Züge und Tross belieferten sie die Divisionsversorgungsstellen mit

---

[5] z.B. Sicherung von militärischen Anlagen, Ausbildung und Ausbildungsunterstüzung, Aufräumarbeiten nach Angriffen

Munition, Verpflegung, Verbrauchsmaterial und Bekleidung, welches sie von den Armeelagern abholten. Sie stellten gewissermaßen das divisionseigene Transportunternehmen dar.
Die Beförderung zum Gefreiten erfolgte am 24.12.1943 mit Wirkung zum 1.12.1943. Damit hatte Lübke Anspruch auf die Besoldung und den Dienstgrad Gefreiter ab dem 1.12.1943, aber es wurde ihm erst am 24.12.1943 mitgeteilt. Am 24.9.1944 wurde Lübke abermals versetzt, wieder mit der Führungsbeurteilung sehr gut. Diesmal kam er zur Divisions-Feldzeug-Kompanie 211 der 211. Infanterie-Division. Diese Division war auf dem Rückzug aus Russland. Sie hatte als Teil der Heeresgruppe Mitte den Russlandfeldzug bis Orel mitgemacht und gilt als kampferprobte Einheit. Seit August 1943 war sie auf dem Rückzug durch Weißrussland/Belarus bis nach Westpreußen gelangt. Als Lübke hierher versetzt wurde stand die 211. Infanterie-Division am Fluss Narew im heutigen Polen nordöstlich von Warschau.
Feldzeug-Kompanien sind für die Versorgung der Divisionen mit Bekleidung und Ausrüstung zuständig. Sie beschafften neues Material oder setzten gebrauchtes instand. Vom 1.10.1944 bis zum 19.11.1944 nahm er laut Stammrolle[6] an den Stellungskämpfen der Heeresgruppe Mitte teil. Ebenfalls am 19.11.1944 kam Lübke wieder zu einer neuen Einheit, dem Feld-Ersatz-Bataillon 211.
Feldersatzbataillone dienen zur Auffüllung von Verlusten innerhalb der Division. Eigentlich dazu aufgestellt um aus dem Reich neue Mannschaften heranzuführen, dienten sie 1944 dazu aus

[6] Personalakte der Wehrmachtssoldaten

rückwärtigen Diensten und Kampfunterstützungseinheiten Personal zusammenzuziehen. So sollten die hohen Verluste der Kampfeinheiten ausgeglichen werden. Allerdings konnten so den kampferprobten Resteinheiten infanteristisch nur schlecht ausgebildete und kampfunerfahrenen Männer bereit gestellt werden.
Hier endet die Dokumentation durch die vorliegenden Wehrmachtsunterlagen. Die Deutsche Dienststelle in Berlin teilt mit, dass Lübke an seinem Todestag zum Pionierbataillon 1541 der 541. Infanterie Division gehörte. Wie und wann Lübke zu dieser Einheit gelangte ist unbekannt.
In den Abwehrkämpfen rund um Ostpreußen von Mitte Januar bis zum 25. April 1945 um Ostpreußen standen sich die Reste der 3. und 4. Armee der Wehrmacht und die 2. und 3. Personell starken und gut ausgerüsteten Weißrussischen Front gegenüber. Es kam zum sogenannten Kessel von Heiligenbeil. In diesem Gebiet liegt die Ortschaft Hasselpusch. Am 18. Februar 1945 wurde Friedrich Lübke dort durch einen Kopfschuss getötet[7].

[7] Deutsche Dienststelle, Berlin, 10.8.2011

Sei getreu bis in den Tod, so will ich Dir die Krone des ewigen Lebens geben.

Im Kriege fiel nach Gottes hl. Willen im Alter von 38 Jahren mein über alles geliebter Mann, meiner sechs Kinder treusorgender Vater, mein liebevoller treuer Sohn, unser lieber Bruder, Schwager, Onkel und Vetter

Friedrich Lübke

Gefreiter in einer Grenadier-Division

Nach einer schweren Verwundung starb er auf einem Hauptverbandsplatz und wurde unter Beisein eines evangelischen Pfarrers auf einem Heldenfriedhof beigesetzt. Wir verloren unser ganzes Glück. Möge Gott ihm die ewige Ruhe geben.

Die trauernden Hinterbliebenen.

Dörenthe 84 bei Ibbenbüren, den 5. Mai 1945.

Die Trauerfeier für den lieben Gefallenen fand bereits in der evangelischen Kirche in Ibbenbüren statt

Abb. 6: Todesanzeige im Ibbenbürener Tageblatt am 5.5.1945

Abb. 7: Gedenkstein auf dem Familiengrab Lübke in Dörenthe Sommer 2009

Da der Leichnam von Friedrich Lübke nicht in die Heimat überführt wurde, ergänzte die Familie nach dem Tod von Elfriede Lübke (1977) die Gruft in Dörenthe mit einem typischen Gedenkstein für gefallene und im Feld gebliebene Soldaten.

5. Besuch des Sterbeortes im November 2011

Im Herbst 2011 habe ich zwei Wochen an der polnischen Ostseeküste verbracht und die Gelegenheit genutzt, den Sterbeort meines Urgroßvaters zu besuchen.

Abb. 8: Ortsschild von Zagaje, Polen, November 2011

Im Vorfeld musste ich allerdings herausfinden, wo diese Stelle im heutigen Polen liegt. In den Unterlagen ist von der Ortschaft Hasselpusch die Rede und auch meine Großmutter spricht von Hasselpusch in Ostpreußen. Wo ist das aber nun genau?
Bei Internetrecherchen „Hasselpusch" kommt man rasch auf Seiten von ehemaligen Einwohnern, die damals flüchten mussten und nun ihre ehemalige Heimat online präsentieren. Auch alte Karten sind zu finden, aber nicht der heutige Name dieser Ortschaft im jetzigen Polen. Denn im Sozialismus wurden viele Orte umbenannt, andere aufgelöst, andere Ortsnamen wurden polonisiert, neue Zentren entstanden.

Abb. 9: Gutshof von der Layen mit Gutshaus in Zagaje/Hasselpusch, Polen November 2011

Nun kann man auch heut zu Tage nicht einfach die alten neben die aktuellen Karten legen um Straßen, Grenzen und Gewässer zu vergleichen. Die Grenzen der 1940er Jahre haben heute keine Bedeutung mehr. Straßen haben durch neue Grenzverläufe mit dem Kaliningrader Gebiet, heute zu Russland gehörend, an Bedeutung verloren, sind unterbrochen oder nicht mehr existent. Verwaltungsgrenzen, wie Gemeinde- oder Kreisgrenzen sind hinfällig geworden. Aber letztendlich habe ich herausfinden können, dass das damalige Hasselpusch heute Zagaje heißt. Die Ortschaft und liegt nördlich von Pininzo etwa 7 km von der russischen Grenze entfernt, ca. 50km östlich von Elbing/Elbląg. Am 30.11.2011 fahren wir mit einem Mietwagen bei schönstem Herbstwetter nach Zagaje. Die Landschaft stellt sich als leicht hügelig mit Äckern, Wäldern und gelegentlichen Sumpfflächen dar.

Die Straßen sind alle gut befahrbar, aber man merkt die Abgelegenheit und die Nähe zur russischen Grenze vor allem am fast nicht vorhandenen Verkehr. Zagaje liegt an der Verbindungsstraße von Krzekoty nach Piele. Von Zagaje kann man abbiegen auf einen kopfsteingepflasterten Fahrweg nach Jachowo. Die Ortschaft Zagaje besteht aus einem großen Landwirtschaftlichen Betrieb, dem ehemaligen Herrenhaus mit Stallgebäuden der von der Layens, heute eine Grundschule, einigen alten gedrungenen Wohnhäusern mit zugehörigen Gärten und einem neuen Wohngebiet mit etwa sechs großen Mehrfamilienhäusern.

Anhand der breiten und kilometerlangen, alten Alleen kann man ahnen, dass früher einmal eine wichtige Verbindungsstraße nach Norden bestanden hat, die heute aber nur noch ein Feldweg ist.

Auch der polnische Grenzschutz fährt Streife. Bei einem Halt am Wegesrand bei Piele um Gebäuderuinen zu besichtigen, werden wir von polnischen Grenzern einer Personenkontrolle unterzogen. Was wir denn hier machen würden, wo wir herkommen, wo wir hinfahren, ob wir Waffen dabei hätten. „Zeigen sie mir bitte die Fahrzeugpapiere, ihren Pass, Führerschein und öffnen sie den Kofferraum." Die beiden Beamten sind erst sehr dienstlich, dann aber wirklich nett und freundlich.

Es war interessant einmal den Ort zu besuchen, an dem Friedrich Lübke zu Tode kam. Spannend war es die Landschaft zu durchfahren, die auch Lübke damals so gesehen haben muss. Nicht nur Zagaje/Hasselpusch, sondern auch die ganzen kleinen Ortschaften und Städtchen. Außerdem war Friedrich Lübke zur gleichen Jahreszeit in dieser Gegend. Er muss die gleiche Landschaft mit den geschwungenen Hügeln, den Gutshöfen und den verstreuten Ortschaften gesehen haben. Die sumpfigen Mulden und die großen Wälder.

Nach wie vor ist das ehemalige Ostpreußen eine landwirtschaftlich geprägte, abgeschiedene Region inmitten von Europa.

6. Erinnerungen an Friedrich Lübke

Die beiden noch lebenden Kinder von Friedrich Lübke sind Erika Grage und Ursula Piepel. Beide Lebensläufe sind stark vom Verlust ihres Vaters geprägt. Die Ungewissheit über seine Grablage und die genaueren Todesumstände zehren immer noch an beiden Frauen. Auch ist die Trauer über seinen frühen Tod nach so langer Zeit präsent.

6.1 Erinnerungen von Erika Grage geb. Lübke an ihren Vater

Im Frühjahr 2012 erinnert sich Erika Grage geb. Lübke im Alter von 83 Jahren an Ihren Vater und die Zeit seines Wehrdienstes:

„Als erstes Kind wurden mir früh Aufgaben übertragen. Kleine Dummheiten bestrafte der Papa mit Schlägen auf den Po. Dann war ich meinem Vater böse. Unsere Mama tröstete mich. Als Papa in den Krieg musste, war ich 12-13 Jahre alt. Viele Arbeiten gab es für mich. Dann kam Papa in Urlaub. Natürlich wurde gearbeitet mit den Kindern. Dann ging Papa wieder zur Truppe. Im Herbst 1944 war der letzte Urlaub. Wir haben Kartoffeln geerntet. Es war schönes Wetter und alle waren fröhlich. Es wurde Winter und sehr, sehr kalt. Der Krieg tobte im Osten – immer weiter nach Polen und Deutschland rein. Wir, in der Heimat, hatten große Angst. Von Papa und unserem Onkeln, die an der Front waren, hörten wir nichts. Dann kam die Nachricht, dass Papa am 18. Februar gefallen war. Ein Päckchen und einen Brief bekamen

wir noch. Was für ein Wunder! Viele haben von ihren Vätern und Männern oder Söhnen nichts gehört. Auch ohne Vater musste das Leben weiter gehen. Schwer war es für unsere Mama. Sechs Kinder versorgen und erziehen war nicht leicht. Wir waren auch alle sechs nicht einfach. Heute noch tut es mir leid, dass ich als Älteste nicht ein bisschen vernünftiger und freundlicher war. Der Krieg war vorbei, Papa kommt nicht wieder, dass wussten wir! Mama gab ihr bestes und wir haben immer gutes Essen und gute Kleidung gehabt. Haben wir es Ihr je gedankt? Ich weiß es nicht. So sind eben Kinder. Ich habe meinen Vater nicht mehr vermisst. Mit 15-16 Jahren fängt man an zu leben. Das ist auch gut so".

Abb. 10: RAD Arbeitsdienstmädchen Lore sowie Manfred und Willi mit ihrem Vater bei der Kartoffelernte, Herbst 1944

6.2 Erinnerungen von Ursula Piepel Lübke an ihren Vater

Ebenfalls im Frühjahr 2012 erinnert sich die 78-jährige Ursula Piepel an ihren Vater. Auch aus ihrer Erinnerung heraus zitierte sie das folgende Gedicht eines unbekannten Verfassers:

Soldatengrab

Die deutschen Soldaten haben ihr Grab mit Rasen bedeckt
Sie ruhen im Schoß der Erde aus, bis Gott sie weckt.

Die Sterne am Himmel halten Wacht und keine Trommel geht
Die Engel kommen um Mitternacht und sagen ihr Gebet.

Sie bringen aus der fernen Stadt die Blumen rot und blau
Es hängt an jedem Blumenblatt die Tränen einer Frau.
Ein schlichtes Kreuz zwischen zwei Ackerfalten
Bald schneit´s und löscht die letzte Spur,
von einem der zur Fahne schwur
und seinen Schwur gehalten!

Der Regen wusch den Namen ab, verloren und vergessen
Soldatengrab, Soldatengrab, das keine Tränen nässen.

unbekannt

„Mein Vater Friedrich Lübke wurde am 16. November 1906 geboren, in Lengereich i/Westf.

Er war der dritte Sohn seiner Eltern (Frieda Wilhelmine Lisette Schuhmann und Ernst Friedrich Wilhelm Lübke) in der Familie gab es 10 Kinder 8 Knaben und 2 Mädchen. Alle waren gesund, sehr fleißig und hatten ein gutes Verhältnis zu einander. Mein Vater kam mit elf Jahren zu Verwandten in Brochterbeck wo er als kleiner Bub schon sehr gut helfen konnte im Stall und auf dem Feld. Das tat er sein Leben lang gerne. Wir selbst, meine Eltern, hatten später ein eigenes Haus, Land und Tiere, Ziegen, Schweine, Kaninchen, Hühner. Das war sehr schön und auch nützlich, besonders während des Krieges. Aber auch viel Arbeit. Vater half zu dem noch bei verschiedenen Bauern, Nachbarn oder bei unserem Onkel, da schon viele Männer in den Krieg eingezogen waren. Vater hatte seine sechs Kinder sehr lieb, war aber auch streng, wir mussten gehorchen. Ich erinnere mich noch gerne an die Arbeit mit ihm auf dem Feld oder im Stall. Am Abend spielten wir öfter Mensch-Ärgere-Dich-Nicht, Vater hatte schon ein kleines Grammophon und kleine Platten. Oder wir schälten schon die Kartoffeln für das Mittagessen am nächsten Tag, es wurden manchmal Bohnen oder Erbsen ausgesucht, aus unserem Garten, die wurden für den Winter getrocknet. Wir ernteten auch viele dicke Kürbisse, die im Keller im Herbst gelagert wurden, teils auch verschenkt an die Nachbarn.

Wenn Vater dann am Abend einen dicken Kürbis zerteilte mit einem großen Messer, das war ein besonders schönes Ereignis. Mutter kochte ihn, süß-sauer in einem großen Bottich eingelegt, schmeckte es ganz gut aufs Brot oder zum Mittagessen.

Wir gingen mit Vater am Sonntag und besonderen Feiertagen durch den Wald zur Kirche nach Ibbenbüren, im Winter durch den Schnee, am Heilig-Abend oder Silvester war das im Dunkeln besonders schön. Danach genossen wir die Wärme der Stube bei Mutter und leckeren Kuchen oder Brot bei Malzkaffe oder Kakao.

In guter Erinnerung ist mir auch noch, dass wir am Sonntag manchmal mit Vater nach Lengerich gefahren sind, mit dem Rad, ich vorne auf die Stange beim Herren-Rad auf einen kleinen Sattel. Erika und Margarethe hatten ihr ein eigenes kleines Rad und durften mit. Wir besuchten Oma Lübke, oder einen seiner Brüder, die zwar auch alle Landwirtschaft hatten und oft am Sonntag tätig waren. Die Obstbäume wurden veredelt, es wurden Triebe abgeschnitten und mit viel Geschick und Freude durch Triebe guter Sorten ersetzt. Somit hatten wir an meinem Elternhaus viele, viele schöne Obstbäume, leider hat Vater die Bäume und die Ernte nicht erleben können.

1942 in dem kalten Winter hat er bei einer Sammlung des Winterhilfswerk schon seinen dicken Ulster (dicker Wintermantel, Anm. d. Hrsg.), *Schal, Mütze, Gamaschen usw. gespendet, zu Mutter sagte er: „Die armen Jungens erfrieren, ich brauche es nicht mehr:“ War es eine Vorahnung?*

Vater bekam im Sommer 1943 seinen Stellungsbefehl, da waren wir auch alle geschockt. Vater musste in den Krieg! Wie schrecklich!

In Münster haben Mutter, Margarethe, Manfred und ich ihn besuchen können, in der Kaserne.

Den Abschied beim letzten Urlaub habe ich nie vergessen, wir haben alle tüchtig geweint, Mutter ging dann allein mit Vater

nach Ibbenbüren zum Zug. Er hat noch mit dem Taschentuch gewinkt, erzählte Mutter, solange sie den Zug sehen konnte. In dem letzten Herbst hatte Vater zweimal kurz Urlaub, das kam meinen Eltern und Nachbarn komisch vor. Der Krieg war ja schon verloren, erzählten alle.
Ich wurde ja erst 11 Jahre und habe nicht so viel verstanden davon."

7. Quellen

- Wehrstammbuch Gefreiter Friedrich Lübke, Deutsche Dienststelle Berlin vom 10.8.2011

- www.lexikon-der-wehrmacht.de, Mai 2011 bis November 2013

- Erzählungen und Erinnerungen von Ursula Piepel, Erika Grage, Mai 2011 - November 2013

Abbildungen:

1 - 4, 6, 10 Privatbesitz Ursula Piepel, Münster
5 Privatbesitz Frieda Busch, Ibbenbüren
7 - 9 Daniel Rehermann, München

IN DIESER REIHE BEREITS ERSCHIENEN:

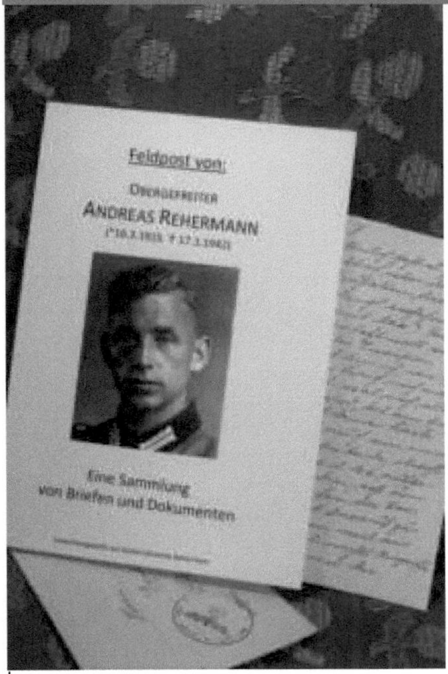

Feldpost von:
Obergefreiter Andreas Rehermann,

Eine Sammlung von Briefen und Dokumenten,

Books on Demand, Norderstedt
ISBN 978-3-842 380 486

Einige Feldpostbriefe die Andreas Rehermann an seine große Schwester Luise schrieb, sind erhalten geblieben. Rehermann berichtet von seinen Erlebnissen in Russland, ist aber mit den Gedanken bei seiner Familie und auf dem elterlichen Hof.
Unterlagen zur Grabsuche und ergänzende Hintergrundrecherchen begleiten die einzelnen Briefe eines jungen Mannes